문학예술 한국대표시인선
Literature Art Poem Book Series

노을빛 물그림자

문학예술사

문학예술 한국대표시인선

노을빛 물그림자

초판1 인쇄일 • 2025년 4월 20일
초판1쇄 발행일 • 2025년 5월 10일
지은이 • 성 동 제
펴낸이 • 이 일 기
펴낸곳 • 문학예술사
본 사 • 02579 서울특별시 동대문구 왕산로9길15
편집실 • 04627 서울·중구 퇴계로32길 20
H·P • 010-5211-1771
팩 스 • (02) 924-8807
E-mail • poem1771@hanmail.net
등록 • 제2-4501호
ⓒ 성동제 2025
잘못된 책은 구입하신 서점에서 바꿔 드립니다.
지은이와 협의 하에 인지를 붙이지 않습니다.

값 • 15,000원
ISBN 979-11-90993-41-8 (부가기호:03810)

성 동 제 시조집

노을빛 물그림자

자서自序

마흔 번째 시집을 열면서

<또시인> 마중물

펌프 물 올리려고 마중물*을 붓는다
초꼬슴*에 안 되면 또 붓고 또 붓는다
글맛*이 이와 같아서 시어詩語 모아 또 쓴다

미완이 깊어지면 꼴사나운 불량품

그것 좀 면하려고 잇대어 책을 내면

인사가
"또 나왔군요"
웃는 얼굴 반기다.

이번이 마흔 권 째

또 나왔네
또 나왔어

그 많은 또가 고여 <또시인> 생겨버려

완성도
애써 높이려
밤낮없이 <또> 쓴다..

*마중물: 펌프의 물을 끌어올리기 위해 붓는 물.
*초꼬슴: 어떤 일을 벌인 맨 처음.
*글맛: 글의 운치나 느끼는 재미.

-을사년 봄에

마중물 **성 동 제**

Ⅲ 찾아 가기

- 자서自序 / 마흔 번째 시집을 열면서 _ 4

초꼬슴 마당
노을빛 물그림자

짜 맞춘 맨드리 / 14
얄망궂은 겨울날씨 / 16
인왕산의 물소리 / 18
바닷가의 고목孤木 한 그루 / 22
이 추위에 벗다니 / 24
수박 / 25
개꽃 / 26
노을빛 물그림자 / 27
봄 왔다고 즐길 게 아니다 / 29
바다가 아우러져 / 30
집채만 한 꽃송이 / 31
정어리의 수난 / 32
산은 사람을 싫어해 / 33

겨울 갈대 / 34
시월의 허공 / 35
까마귀와 대나무의 상생相生 / 36
갖는 자가 임자다 / 37
길에 봄눈이 / 38
생태계 이주 대란 / 39

둘째 마당
마중 받는 대통령

미래의 사형수 / 42
마중 받는 대통령 / 43
맏이의 아픈 마음 / 45
기미챌까 웃는다 / 48
그 사람이 여전해 / 50
닮은 고비 / 52
옛 서원의 화장실 / 54
코로나 시대의 지하철 / 55
꽃잠만한 보약 없어 / 56
효의 절대 값 / 57

기막힌 상실증 / 58
약시가 누리는 혜택 / 59
휴대전화의 부활 / 60
연필 초상화 / 61
뜬금없이 심란해 / 62
짓질리는 코로나 / 63
사람들의 자기지각自己知覺* / 64
지피지기知彼知己 / 66
그루잠 자는 이들 / 68
우스꽝스러운 사건事件 / 69
볼만한 소꿉놀이 / 70
2+3=? / 71
계기 마련 충분해 / 72
노인네의 우울증 / 73

셋째 마당
바벨탑

알쏭달쏭 헷갈려 / 76
바벨탑 / 77

구심점 잃은 동공 / 78
임박한 때에 / 79
동그라미의 순수성 / 80
드높은 곳을 / 81
드센 지혜의 소유자들 / 83
터무니없는 의식 / 84
주검 앞에서 / 85
그를 위한 기도 / 87
훼방하지 마소서 / 88
버려져서 기름진 땅 / 90

넷째 마당
아름다운 확인

소음 공해의 절댓값 / 92
가을에 오마고 했다 / 94
가볍게 여기다가 / 95
침묵의 소리 / 96
바람과 늦단풍 그리고 숫눈 / 97
별스러운 걱정거리 / 98

닿은 연분 정주다 / 99
극도로 민춤한* 효성 / 100
신선한 기억 / 102
뿌예진 하늘 깔끔스레 / 103
마중물의 산고産苦 / 104
장수가 병일 수도 / 105
곶감의 기여도 / 106
우스꽝스러운 사건事件 / 107
녹아내리는 촛농 / 108
목화밭에서 / 110
꽃봉 터지는 소리 / 111
노파의 허접한* 사고 / 112

회두리 마당
신의 대중탕

거니챈 까마귀 무리 / 114
버려져서 기름진 땅 / 115
땀만 먹는 황금새 / 116
신의 대중탕 / 119

불효는 죽어서도 못 갚아 / 121

엄마는 늙지 않아 / 122

나잇살 / 123

기댈 곳 / 124

겨울 짐 / 125

이제 겨우 와 닿다 / 126

배듬한 언덕에 앉아 / 127

자기만의 영역 / 128

자기를 보는 시야 / 129

맹랑한 허무 / 130

느낌 닿는 그대로 / 131

느닷없이 뺨을 쳐 / 132

대통령이 꼬기작거려 / 133

해망쩍은* 그녀입술 / 135

초꼬슴 마당

노을빛 물그림자

짜 맞춘 맨드리

미완의 그림 하나
걸핏하면 떠올라

어느새
언뜻 선뜻
살그미 뒤꼍으로

언제나
가닐거리어*
모닥불로 남는다.

한 두 해 아닌 시공
얼핏* 설핏* 물안개

언제나
반투명체
은근히 자리 매겨

한사코

안으로 자라

손을 타지 않는다..

*가닐거리다: 간지럽고 짜릿한 느낌이 자꾸 나다.
*얼핏: 잠깐 나타나거나 문득 생각나는 모양.
*설핏: 잠깐 나타나거나 떠오르는 모양.

얄망궂은* 겨울 날씨

눈 내릴 낌새더니
부슬비 섞어 내려

젖은 눈
배어들어
씁쓸한* 재채기를

끝머리
바뀐 눈설레*
자리 누울 낌새다.

미립이 내민 성깔
때로는 못돼먹어

그나마
할멈 있어
앓는 소리* 할만 해

여태껏

혼자 아니라

죽는소리* 넌지시..

*얄망궂다: 성질이 괴상하고 까다로워 얄밉다.
*씁쓸하다: 유쾌하지 못하고 언짢다.
*눈설레: 눈이 내리면서 찬바람이 몰아치는 현상.
*앓는 소리: 일부러 구실을 대며 걱정하는 모양.
*죽는 소리: 엄살을 부리는 소리.

인왕산의 물소리

감파른* 기슭 바위
냇물 딛고 섰는데

등걸잠* 자든 새들
꽃잠 잔 듯 일어나

물소리
함께 아울러
산울림을 짓는다.

그날 여는 물안개
햇귀 따라 퍼지니

골짝마다 실팍져*
생명체 우겨들어

저마다

소임 다하여
완성미를 잦추다*.

바닥 돌의 물소리
심포니*로 들려줘

듣는 이 많은 이들
영혼 뇌관 흔들려

한순간
절대적 가치
달라짐을 갖는다.

예사내기 여인들
넓은 돌 골라 앉아

발놀림 물장구로
시간 구속 잊고는

오로지
식구들 건강

일념으로 빌기만.

내밀한 물의 언어
들을 것만 같아서

너럭바위* 가부좌로
영혼까지 불러와

노인네
속념 버리니
자기 성찰 일내다.

냇길 따라 나뭇길
등마루 닿기 전에

도도한 작약꽃이
곱상스레* 마중해

더운 땀
얼른 훔치곤
마중 꽃에 눈 주다.

축복의 땅
인왕산에 노을빛 감겨들자

골짝마다 물소리
아리랑을 노래해

한겨레
너볏한* 민족
가난 도울 차례다..

*감파르다: 약간 감은빛을 띠면서 파랗다.
*등걸잠: 깔고 덮을 것이 없이 입은 채로 자는 잠.
*실팍지다: 보기에 매우 알차고 튼튼한 데가 있다.
*잦추다: 자꾸 재촉하여 빨리하도록 하다.
*심포니: 관현악으로 연주되는 소나타 형식의 악곡.
*너럭바위: 널따랗고 평평한 큰 돌.
*곱상스레: 몹시 다정하고 싹싹한 데가 있다.
*너볏하다: 아주 번듯하고 의젓하다.

바닷가의 고목孤木* 한 그루

물기슭 바위너설*
틈새로 뿌리내려

짠 바람
키를 올려
몸을 불린 나무숲

해풍이
매만진 피부
흔치 않게 파랗다.

외롭게 건밤새면 득달같이 날아들어

그들 언어 구사로 조잘 재잘 벗 해줘

때로는 배설물 쏟아
거름발*을 짓는다.

동틀 녘 햇귀 들자
어슴새벽 물러가

윤슬* 가득 물이랑
금빛 찬란 화사해

그날 치
희망 함초롬*
힘진 나무 벙시레*..

*고목(孤木): 외롭게 홀로 서 있는 나무.
*바위너설: 바위가 삐죽이 나와 있는 곳.
*거름발: 거름의 효과.
*윤슬: 햇빛에 비치어 반짝이는 잔물결.
*함초롬: 어떤 기운이 서려 있는 모양.
*벙시레: 소리 없이 부드럽게 웃는 모양.

이 추위에 벗다니

아무런 대책 없이 벗을 조짐 일으켜

메숲진 색깔 단풍
삽시간에 땅으로

웃자란 알몸 나무들
사리물고 서 있다.

마수걸이 강추위
여겨보던 하늘이

안쓰럽기 그지없어 함박눈을 소복이

겨울옷
입은 나무들
봄 온 줄로 여기다..

수박

갈맷빛* 여름 의상 단박에 벗겨내니
꽃물 속살 드러나 침샘 절로 흥건해
재빨리 화채 만들어 높은 체열 내릴 터.

까만 진주 수두룩
보는 순간 떠올라

물갈음* 그만 둬도
그보다 더 낫낫해*

목거리 둘러주면서
뛰는 가슴 짜릿해..

*갈맷빛 : 짙은 초록 빛깔.
*물갈음 : 돌의 표면을 물을 쳐 가며 광택이 나도록 갊.
*낫낫하다 : 매우 연하고 부드럽다.

개꽃

야트막한 산기슭 뙤약볕 대단하나
국화 닮은 작은 꽃 바투바투* 피어나
한여름 열기 견디며 오순도순 지내다.

하나하나 풀꽃들
꽃 맵시 미흡해도

그네들 무리지어
가풀막을 뒤덮어

하얀 꽃
야생화 파도
종요로움* 느껍다*..

*바투바투: 물체의 사이의 거리가 아주 썩 가깝게.
*종요롭다: 없어서는 안 될 만큼 필요하고 중요하다.
*느껍다: 마음에 북받쳐 참거나 견뎌내기 어렵다.

노을빛 물그림자

노을빛 물그림자
물비늘* 곰실거려*

붉게 물든 물고기
태나게 맵시 부려

물기슭
화려한 순간
재바르게 담는다.

태양이 배듬해져
빠질 듯 남긴 얼굴

부시게 밝지 않아
쳐다보기 가벼워

단박에 자기 잊은 채

볕내* 속에 잠기다.

늦도록 들뜬 기분
파도로 출렁거려

더그매* 쥐가 되어
저물게 오가더니

마음결
쇠사슬 끊고 별의 고샅* 누비다..

*물비늘: 빛을 받아 수면이 반짝이는 잔물결.
*곰실거리다: 작고 느리게 조금씩 자꾸 움직이다.
*볕내: 볕이 풍기는 냄새.
*더그매: 지붕 밑과 천장 사이의 빈 공간.
*고샅: 마을의 좁은 골목길.

봄 왔다고 즐길 게 아니다

입춘대길 붓글씨 먹 냄새 아직 인데
봄내 맡은 도롱뇽 몸태질*이 심각해
참았던 출산 부추겨 자기 미래 내놓다.

걸신쟁이 속물들
개울녘* 개간하니

그들 영역 잠식돼
멸종 위기 코앞에

어른들
욕가마리* 짓
애들 보기 민망해..

*몸태질: 몹시 격해져 제 몸을 함부로 구는 짓.
*개울녘: 개울의 기슭이나 주변.
*욕가마리: 욕을 먹어 마땅한 사람.

바다가 아우러져

태왁* 안은 보자기* 숨비소리 퍼질 때
물바람 함께하여 짠 내 물씬 갈맷빛
물 위에 햇살 쏟아져 윤슬 맵시 들나다.

머리 위 나는 물새
끼룩거려 아는 척

먹거리 물질 한 것
한 줌 꺼내 던지니

배돌던* 갈매기 무리
욱여들어* 엇서다*..

*태왁: 해녀가 물질을 할 때, 가슴에 받치는 기구.
*보자기: 바다 속에 들어가서 해물을 채취하는 사람.
*배돌다: 가까이 하지 않고 피하여 좀 떨어져 돌다.
*욱여들다: 주위에서 중심을 향해 모여들다.
*엇서다: 양보하거나 수그리지 않고 맞서다.

집채만 한 꽃송이

강담* 안쪽 나무숲
지붕 위로 펼쳐

숱한 가지 갈래 뻗어
생명 실린 너새집*

잡새들
수시로 들려
어슬녘*에 자리 떠.

동백꽃 활짝 피면 꽃집 되어 물결쳐
함박눈 내릴 적엔 설연화 핀듯하여
멀리서 바라볼 적엔 꽃 한 송이 커다래..

*강담: 흙을 쓰지 않고 돌로만 쌓은 담.
*너새집: 기와처럼 쓰는 얇은 돌조각으로 지붕을 덮은 집.
*어슬녘: 조금 어둑어둑한 무렵.

정어리의 수난

정어리 모는 재주 고래 지혜 뛰어나
구심력 이용하여 고기 타래* 촘촘히
한 입에 수십 마리씩 도무덤*을 짓는다.

눈치 빠른 물새들
물파장에 거니 채

동력보다 빠른 몸
날쌔게 물어 올려

언제나
고마운 일들
포식하고 남는다..

*타래: 실이나 노끈 따위를 사리어 뭉쳐 놓은 것.
*도무덤: 예전에 전사한 병사의 시체를 한데 모아서 묻은
 무덤.

산은 사람을 싫어해

산의 매력 못 버려 계절 내내 쏘다녀
틈만 나면 뛰어가 야살궂게* 저질러
떼거리 군집 이루어 등산화로 짓밟다.

등마루 대뜸 잘라 지름길로 해코지
높은 산 마구 뚫어 질서 엄청 어질러
절대적 거부권 행사 갖고 싶어 노리다.

사람들 왔다 가면 긴장하는 산들이
내려가라 일러도 억지 고집 안 버려
험하게 날씨 부추겨 하산으로 내몰다..

*야살궂다: 몹시 얄밉고 되바라진 데가 있다.

겨울 갈대

파르라니* 고운 태
금빛으로 도색해

보기 좋게 야하나 속속들이 궁글어

함박눈 머리에 이고 조마롭게 서 있다.

연한 뿌리 밑동 받쳐
겨우 겨우 지탱해

겨울 태풍 어마해 쓸어박고* 남을 터

여태껏 버틴 자세로 견뎌주기 바라다..

*파르라니: 파란빛이 돌도록.
*쓸어박다: 아무 데나 막 구겨 넣다.

시월의 허공

건들마 아우러져 바람결 사뭇 달라
높아진 하늘 허공 이국 새들 실험장
원어로 편곡한 작품 비다듬어* 부르다.

작은 새들 아이돌
일체감 맵시 부려

실팍진* 고운 화음
귀재어 듣노라니

어느새
하늘 끝머리
아쉬움을 남기다..

*비다듬다: 자꾸 매만져서 곱게 만들다.
*실팍지다: 매우 알차고 튼튼한 데가 있다.

까마귀와 대나무의 상생相生

한겨울 매운바람
나무숲 거슬거려*

잎잎이 비빚대어* 내린 눈을 털어내

해거름 까마귀 새떼 어메* 품속 깃들다.

종일 모인 배설물
대밭에다 저질러

예열로 바닥 데워 거름으로 한몫해

대나무 살피듬* 올라 허리둘레 실하다..

*거슬거리다: 조금 위태로워 저린 느낌이 드는 모야.
*비빚대다: 서로 맞대어 자꾸 문지르다.
*어메: 어머니의 경상도 방언.
*살피듬: 몸에 살이 피둥피둥한 정도.

갖는 자가 임자다

고즈넉한 시냇물
머금은 달 떠다녀

가을밤 배가 되어
별과 함께 할 즘에

물기슭*
풀벌레 소리
이 밤 자꾸 달구다.

아무 없고 혼자 있어 모든 게 내 것이나
어차피 두고 갈 것 마음에 끌어 모아
언제나 함께 하고파 벼릿줄*을 조이다..

*물기슭: 바다, 못, 강 따위에서 가장자리의 땅.
*벼릿줄: 그물의 벼리가 되는 줄.

길에 봄눈이

육차선 국도 길켠
아름드리 가로수

흰 벚꽃
잔뜩 피워
가지 감춘 나무숲

바람결
하얗게 내려
바닥 온통 눈이다..

생태계 이주 대란

귤나무 상륙 성공
떼밀린 사과나무

주저할 틈새 없이
북쪽으로 옮겨 가

물고기
느낌 재발라
살만한 곳 찾는다..

둘째 마당

마중 받는 대통령

미래의 사형수

법질서 꾸중거린
법꾸라지* 살인범

도둑질 어슴푸레*
전과자를 답습해

훔친 돈
용케 사용해
기미 다들 못 챈다..

*법꾸라지: 자신이 알고 있는 법률 지식을 악용해 미꾸라지처럼 요리조리 처벌을 피하거나 불리한 상황을 모면하는 사람.
*어슴푸레: 뚜렷하게 잘 보이지 않고 흐릿한 모양.

마중 받는 대통령

다수당이 달구쳐*
달아오른 불나방

옥중 생활 대통령
국제적 비아냥을

하늘 뜻
빗선 재주꾼
야당스레* 즐기다.

잘못된 수사 일러
일갈한 상급 기관

그 즉시 자유 된 자
국민 마중 뜻 담아

해맑은 미소 갖추어

손을 들어 반기다.

새 정부 선 지 벌써
한참이 지났는데

눈이 먼 가납사니*
진정성을 못 읽어

나라 꼴
먼지투성이
국민들만 애달다..

*달구치다: 꼼짝할 수 없게 세게 몰다.
*야당스레: 아주 쌀쌀맞고 매우 악한 데가 있게.
*가납사니: 쓸데없는 말로 수다스러운 사람.
2025년 3월 8일 토요일 오후

맏이의 아픈 마음

동생들 돌보는지?
부모 마음 못 읽어

나잇살 마감 때야
희한하게 알만해

뒤늦은 나위사가리*
웃음거리 족하다.

한이야 골수지만
아파한들 고수레*.

고심참담 벅찬 날
하루도 편치 않아

못 갚고 떠날지언정
탓해봤자 허망해

형 마음 엄청 찢겨
틈새 깊어 쓰라려.

딛고 선길 서덜길*
윽다물고 걸었어

잠 부족 배고픔에 하늘이 노랄 때도

한겨울
맨발로 다녀
동상 흔적 그대로.

하루벌이 백리 길
주경야독 고달파

나 하나 집착으로 동생 영역 못 읽어

알알이 차가운 지혜
쓸모없어 버리마.

한 잔 술 취한 끝에 용기 내어 사과해

부모님 뵙게 될 때
할 말 없어 망설대며

동생들
안부 물으면 그냥 울고 있을래.

형이 떠난 빈 자리
불사하다 말라고

이 따위
아픈 마음
한 번 짚어 보려마

맏이로 태어난 무게
짐짓 털지 못했다..

*나위사가리: 일을 감당할 수 있어 보이는 능력.
*고수레: 야외에서 음식을 먹을 때, 신에게 먼저 바친다는
　　　　뜻으로 조금 떼어 던지는 일.
*서덜길: 강가나 냇가에 있는, 돌이 많은 길.

기미챌까 웃는다

아픈 사람 있는 집
웃을 일에 못 웃어

겨울비
짓궂더니
눈설레*로 이어져

사는 맛
씁쓰레하여*
떠날 길 편 알아봐.

아들네 온다 하면
진통제 먼저 찾아

웃을 일들 아닌데
나긋하게* 잘 웃어

자식들
죄 다 떠난 뒤
웃은 만큼 앓는다.

허상뿐인 빈자리
그네들 아름거려

두 시선
닿자마자
울컥 치민 서러움

끝끝내
감추지 못해
더운 눈물 흘리다..

*눈설레: 눈이 내리면서 차가운 바람이 몰아치는 현상.
*씁쓰레하다: 조금 언짢거나 괴로운 듯하다.
*나긋하다: 연하고 보드랍다.

그 사람이 여전해

징치 받을 벌치* 녀석
권좌에 넋이 나가

사악한 탐심 굳혀
지겹게 거들거려*

뱀 닮은 잔인한 미소
끝 간 데를 모르다.

남다른 해코지로 자기 살고 남 죽여

안 할일 해야 할일
기준이 자기 잣대

덫을 친
움파리* 마다
빠진 발들 꽤나 돼.

자기 일 곁꾼하다
꼬리 밟혀 자살까지

뱀 다리 치켜 올려
군지럽게* 굴 때 마다

저 괴물
누가 낳았지?
낳은 자를 탓하다.

가살지고* 무례해 어디든지 만무방*
뭇사람 침 뱉어도 의식하지 아니해
하는 일 말갛지 못해 밉살맞은 가시다..

*벌치: 벌판에 심어 놓고 돌보지 않은 참외.
*거들거리다: 우쭐하여 자꾸 버릇없이 행동하다.
*움파리: 우묵하게 들어가서 물이 괸 곳.
*군지럽다: 좀 더럽고 지저분하다.
*가살지다: 되바라져서 얄밉다.
*만무방: 예의와 염치가 없는 뻔뻔한 사람.

닮은 고비

가풀막 언덕마루
못돼먹은* 길마루

서덜길* 벅차지만
올라서면 메숲져

솔바람
간질밥* 먹여
쌓인 피로 앗아가.

즐거움 한 소쿠리
내리막 걷다 보면

볼거리 기가 막혀
어느새 기슭막이*

사는 삶

이와 같아서

죽는소리* 못 질러..

*못돼먹다: 속된 말로 몹시 좋지 않고 고약하다.
*서덜길: 강가나 냇가에 있는 돌이 많은 길.
*간질밥: 간지럽게 하는 짓.
*기슭막이: 기슭이 패이는 것을 막기 위해 설치한 조형물.
*죽는소리: 엄살을 부리는 말.

옛 서원의 화장실

돌아앉은 탯가락*
글방의 한데 뒷간

먹 냄새 잔뜩 베여
욕지기 간데없어

긴 시간
벗고 앉아서
배운 글귀 익히다..

*탯가락: 맵시를 부리는 몸가짐.

코로나 시대의 지하철

바투* 앉은 노인네
코가리개* 정장이나

배잦게 콜록거려
신경 곤두 쭈뼛해

일어나
빗서려 해도
남은 거리 꽤 멀다..

*바투: 두 사물의 사이가 꽤 가깝게.
*코가리개: 마스크.

꽃잠*만한 보약 없어

운동으로 괴롭혀
지쳐버린 끝자락

빈 시간 빈 사리에 용케 누운 등걸잠*이

열나절*
풋잠보다 더
힘지도록 챙기다..

*꽃잠: 깊이 든 잠.
*등걸잠: 옷을 입은 채 아무데나 쓰러져 자는 잠.
*열나절: 일정한 한도 안에서 꽤 오랫동안.

효의 절대값

강담* 옆 귀퉁이에 봇돌* 둘 세우고는
가마솥 쇠죽 쑤어 돼지에게 못 주듯
남 자식 효도해 달라 시선 주지 않는다.

비 올 때 우산이지
맑은 날 짐스러워

가신 뒤 뉘우친들
시효소멸 와 있어

허수한* 자리끼라도 살펴줌이 더 낫다..

*강담: 흙을 쓰지 않고 돌로만 쌓은 담.
*봇돌: 아궁이의 양쪽에 세우는 돌.
*허수하다: 허술하여 서운하다.

기막힌 상실증

나잇살 비례만큼 무게 실린 약 처방

약마다 용법 달라 분대질*로 버정거려*

먹고도 아니 먹은 듯
안 먹고도 먹은 듯.

수시로 헷갈리어 도슬려*도 별 볼 일

공복에 먹는 약은 언제나 남아돌아

기억력
돼먹지 않아 적어 둔 곳 감감해..

*분대질: 어수선한 행동으로 괴롭히는 짓.
*버정거리다: 짧은 거리를 부질없이 왔다 갔다 하다.
*도슬리다: 사물의 끝을 가지런히 다듬다.

약시가 누리는 혜택

어스레* 눈병 생겨 불치로 판정 받아
지나친 약시 탓에 움파리 예사 딛고
여러 번 인사한 사람 열흘 후면 낯설다.

바쁜 일 다닥쳐도* 만사태평 느림보
아내 얼굴 주름 못 봐 언제나 젊은 여인
약시가 화수분인 줄 새삼스레 느껍다*

운전면허 취소라 사고 낼 염려 없고
돈 얼굴 헷갈리어 식구가 알아 척척
실수가 더러 있어도 서그럽게* 웃는다..

*어스레: 조금 어둑한 모양.
*다닥치다: 서로 마주쳐 닿거나 부딪치다.
*느껍다: 마음에 북받쳐 참거나 견뎌 내기 어렵다
*서그럽다: 너그럽고 부드럽다.

휴대전화의 부활

다 죽은 먹통 전화 오롯이* 밀었더니
"죽은 것이 아니라 잔다"라고 웃으며
실어증 복원시키려 잠시 쉰다 일러줘.

명의가 내린 처방 부활 의미 깃들어
다시금 생명 실려 자기 구실 이어가
그미의 알토란 지혜 "심봤다"*고 너스레..

*오롯이: 아주 조용하고 쓸쓸히.
*심봤다: 심마니들이 산삼을 발견했을 때 외치는 소리.

연필 초상화

생뚱맞은 그림솜씨 거기에 매달리어
그미 얼굴 수십 장이 한결같이 같잖아
닮은꼴 하나 없는데 그녀 맞다 우겨 돼.

자기 눈이 보배라
재주와는 무관해

그림 속 용을 일러
지렁이면 어때서

그 그림
할끔* 할망정
지닌 알속 돋보여..

*할끔하다: 몸이 고달파 눈이 쏙 들어가 있다.

뜬금없이 심란해

자발없이* 떠올라 역시나 쑤석거려*
하마나 첫닭 울어 달빛 너무 처량해
조각달 열구름 곁을 동화 짓고 다니다.

잠동무 고향 벗들
서럽도록 보고파

전봇대 갓 쓴 전구
밤마다 애들 불러

달 속에 숨던 그네들
늙정이로 껴묻다*..

*자발없다: 가볍고 참을성이 없다.
*쑤석거리다: 자꾸 꾀거나 부추기다.
*껴묻다: 함께 섞여 들러붙다.

짓질리는 코로나

난데 살던 식구들 추석 명절 윽별러*
두리반 달군 음식 드팀새* 거의 없이
침 튀겨 마구 반기니 뻔한 결과 올만해.

기쁨 이내 한순간 고열 감당 어려워
실험약 여겨보니 얄밉도록 선명해
검역소 찾았더니만 중환자로 후림불*..

*윽벼르다: 마음 준비를 잔뜩 하고 기회를 엿보다.
*드팀새: 틈이 생긴 기미나 정도.
*후림불: 갑작스럽게 정신없이 휩쓸리는 기세.

2022년 9월

사람들의 자기지각 自己知覺*

장마 뒤 하늘 높아
사풍스레* 가을이레

다습한 열풍이나
건들마라 자신 속여

딛는 길
해망쩍어*도 잘못이라 안 여겨.

만 사람 짜증에도
자기 관념 벙실 웃어

서푼 어치 꼴이라
애발스레* 삿대질

참으로 저급한 행위
측은시심 갖는다.

비구름 몰리는데
종종걸음 안 걸어

하찮은 약속까지
건너뛰지 않으니

아는 이
숱한 사람들 정 나누며 지내다..

*자기지각: 사람들의 올바른 이해를 위해 의식적으로 자기의
　　　　　심리나 행동의 특성에 관해 잘 알고 있어야 한다는
　　　　　학설. <케이스워크의 기본 원리의 하나.>
*사풍스럽다: 변덕이 많고 경망스러운 데가 있다.
*해망쩍다: 슬기롭지 못하고 어리석다.
*애발스레: 이익을 좇아 애쓰는 태도가 있게.

지피지기 知彼知己

한풀 꺾인 코로나
후지게 얕본 결과

찬바람 불자마자
감춘 기력 되살려

노약자
빠르게 골라
어칠비칠* 조이다.

의료계 큰머리들
진화에 거듭 진화

우월감에 죄 젖어
같잖게 여겼다가

다시금

마음 다잡아
얼락배락* 않을 터.

모든 게 이와 같아
자기 깜냥* 헤아려

대입한 답
엇지면* 참을 줄을 알아야

자신을 제압했을 때
이분법二分法이 풀린다..

*어칠비칠: 힘없이 흔들며 비틀거리는 모양.
*얼락배락: 성했다가 망했다가 하는 모양.
*깜냥: 어떤 일을 가늠해 보아 해낼 만한 능력.
*엇지다: 조금 어긋나고 비뚤어져 있다.

그루잠* 자는 이들

늙마에 뒤척일 땐 새물내* 갈아입어
자는 듯 마는 듯이 여윈잠 드는 날엔
만나서 해야 할 말 조근조근* 나누다.

이어지는 잔기침
어리마리* 밤 밝혀

그렇게 자고 나면 잔 듯 만 듯 불쾌해

노인네
선잠 자는 병
몸이 편해 그렇다..

*그루잠: 깨었다가 다시 든 잠.
*새물내: 빨래하여 갓 입은 옷에서 나는 냄새.
*조근조근: 낮은 목소리로 자세하게 말하는 모양.
*어리마리: 깊은 잠을 못자 정신이 흐릿한 모양.

우스꽝스러운 사건事件

밉살맞게 떠오르는 소꿉놀이 예삿일

재채기와 사랑은 참을 수 없다는데

이따금
달구치면서* 떠나지를 않는다.

정이란 걸 모르며 정을 나눈 두 사람

웃자란 그리움이 하얗게 쉬어버려

끝머리
더께*로 남아 함께 떠날 낌새다..

*달구치다: 꼼짝할 수 없게 세게 몰다.
*더께: 몹시 오래된 물건에 겹겹이 앉은 거친 때.

볼만한 소꿉놀이

법 꾸러기 아이들
소견이 고리삭아*

짓거리 본데없어
노여움이 솟구쳐

눅거리*
산망스러워* 상실감만 푸지다.

끓는 버캐* 열 받아 고약한 내 풍기니
깜냥 없는 짓들로 아귀다툼 널브러져
아무리 소꿉일망정 초지일관 졸들다..

*고리삭다: 활발한 기상이 없고 풀이 죽은 늙은이 같다.
*눅거리: 조잡하게 만들어 싸게 파는 물건.
*산망스럽다: 경망하고 좀스러운 데가 있다.
*버캐: 오줌 따위의 소금기가 엉기어서 뭉쳐진 찌꺼기.

2 + 3 = ?

맞는 답
5인 것을
다섯이라 적고는

다툼의 여지 있어
날 새는 줄 모르니

석학들
여론 분분해
피곤 가득 맺는다..

계기 마련 충분해

보여 줄
얼굴이니
보랏지게 가꾸면

주름살
더디 생겨
산드랗게* 칭찬해

힘받이*
밑거름 되어
냅뜰성이 강하다..

*산드랗다: 산뜻하고 경쾌하다.
*힘받이: 가하여지는 힘을 받으며 버티는 것.

노인네 우울증

하찮은 그날그날
모든 것이 시큰둥

하물며 별들까지
밉살맞게 쳐다봐

겨울 눈
역겹다며 깔끔하게 빗질해.

눈설레* 마땅찮아
진눈깨비 고집해

아는 이
이웃하면 기침으로 마중해

정치판
나부대는* 꼴

나무람이 커다래.

만사가 거슬리어 빙충맞은* 산바라기
똘똘하게 되려면 벙어리가 으뜸이래
언제나 독수공방을 야당스레* 덧쌓다..

*눈설레: 눈이 내리면서 차가운 바람이 몰아치는 현상.
*나부대다: 얌전히 있지 못하고 철없이 촐랑거리다.
*빙충맞다: 똘똘하지 못하고 어리석고 미련하다.
*야당스레: 약빠르고 아주 쌀쌀맞게.

셋째 마당

바벨탑

알쏭달쏭 헷갈려

참 사랑
반듯한 길
야훼의 권능이나

인간사
서더릿길*
사탄의 역사라고?

매듭 끈
풀고자 할 땐
선문답이 지름길..

*서더릿길: 돌이 많이 깔린 길.

바벨탑

높디높은 하늘에 천국이 있다 하여

무모한 도전임을 알 리 없는 그네들

탑 마루
닿을 때까지
모순 다해 행하다.

얍삽하고 무례한 그네들 일깨우려

실족을 준다거나 나무랄 낌새 없어

그네들
통일된 언어
혼란스레 조지다..

구심점 잃은 동공

내리막 계단 길을 만나는 그때마다
순식간 긴장되어 온몸이 곧아올라*
난간을 더듬적거려 촉각으로 대신해.

이제는 미립 쌓여
서둘지는 않지만

엉뚱스레 당하면 남우세로 이어져

고함쳐
부르짖으면 그분께서 아실까?.

*곧아오르다: 꼿꼿해지거나 뻣뻣해지다.

임박한 때에

오호라 원통한 일
이 감당을 어이해

하나가 그리하면 다른 것들 따라 해

태초에 불순종한 죄 물매듭*을 못 풀다.

이제 그만 뉘우쳐 하늘 향해 보련만

그 시선 닿지 않아 사망 짙게 도사려

만 사람
속념에 빠져
넌덕스레* 살아가..

*물매듭: 밧줄 둘의 끝을 풀리지 않게 겹쳐 감은 매듭.
*넌덕스레: 능청맞게 너스레를 떠는 태도가 있게.

동그라미의 순수성

입체적 동그라미
비듬한* 길이라면

높낮이 각도 따라 속도 조절 원만해

살피듬 체중 아니면 슬근슬근* 향한다.

군살 없는 모양새
역주행은 관심 밖

거짓 없는 온유로 낮은 자세 부추겨

성실함 머릿돌 되어 발만스레* 안 군다..

*비듬하다: 한쪽으로 약간 기울어져 있다.
*슬근슬근: 힘 들이지 않고 좀 느리게 행동하는 모양.
*발만스레: 두려워하거나 버릇없이 구는 데가 있게.

드높은 곳을

지구촌 숨탄것*들
중력에 이끌리어

아래로 시선 굳어
드높은 곳 못 읽어

갈개꾼*
이해할 만큼
세심 배려 소중해.

"마지막 때가 왔다"
노아 외침 안 들려

일촉즉발 다급해
숱한 증인 나섰지만

한참을 갈래* 들기만

하늘 이치 헷갈려.

늦은 일 자꾸 늦어 성급하게 서둘러
하나 더 건지려고 진솔하게 외쳐도
갈구다* 실족한다면 이를 어찌 감당해?.

*숨탄것: 숨을 받은 것이라는 뜻으로, 동물을 말함.
*갈개꾼: 남의 일에 훼방을 잘 놓는 사람.
*갈래다: 길이 섞갈려 찾지 못하고 헤매게 되다.
*갈구다: 헐뜯거나 시비를 걸어 화나게 하다.

드센 지혜의 소유자들

처음 걷는 산책로 어쩜 그리 민춤해*
길턱이며 움파리 함정으로 도사려
노인들 미립* 덧쌓여 다짜고짜 안 군다.

젊은 이 하는 행위
마뜩하지* 않으면

자기 경험 날 세워
눈물 나게 꾸짖어

그들이
마을의 스승
핀 꽃보다 더 곱다..

*민춤하다: 미련하고 덜되다
*미립: 경험에서 얻은 묘한 이치.
*마뜩하다: 제법 마음에 들어 좋다.

터무니없는 의식

사랑 정말 몰라도 생뚱맞게* 잘 못 알아

소유로 의식하여 상스레*를 저질러

욕지기*
조짐 날래도 그릇됨을 못 읽다.

혼자 사랑 짝사랑
만우절에 하는 짓

아니다 낌새 챌 땐 보풀떨이* 말아야

힘지게 소유해 봤자 탁류 이내 넘친다..

*생뚱맞다: 앞뒤가 맞지 않고 매우 엉뚱하다.
*상스레: 말이나 행동이 막되고 점잖지 못하게.
*욕지기: 속이 메스껍고 역겨워 토할 듯한 느낌.
*보풀떨이: 힘에 겨울 때 모질게 악을 쓰고 덤비는 짓.

주검 앞에서

붙매이게* 울부짖어
혼절할까 두려워

부모는 양지 묻고 자식은 가슴에다

엄마는 너무 서러워
울음 울다 까라져.

남들은 쉬운 말로
또 낳으면 된다지만

이 생명
저 생명이
한결같지 않거늘

가해자
있는 죽음에 엄마 속내 숯검정.

낮결에 술이라니?
망가질 조짐 일어

아무리
기도한들
부활 기적 안 생겨

진짜로
저승이 있어
그곳 가면 만날까?.

*붙매이다: 매여 벗어나지 못하다.

그를 위한 기도

건들멋* 명견 닮아 급소만을 여겨봐
지나친 자신감에 멋대로 마음대로
여럿이 보내는 시선 자성하게 하소서.

개혁할 여인 모아
개딸로 아장바장*

껍질 야한 살구꽃
이제는 아니잖아

그 사람
올곧게 세워
공심 지게 하소서..

*건들멋: 부드러운 태도에서 드러나는 건드러진 멋
*아장바장: 할일 없이 이리저리 걸어 다니는 모양.

훼방하지 마소서

낡은이*
낡은 시력
막가는 걸 그닐대*

길어봤자 일 이 년
아니라면 한 두 달

더 빨라
내일이라도
신의 행위 못 말려.

꾀꾀로*
쓰는 기력
어찌 그리 탓이요?

냉담자* 거슬리어
기미채게 하시지만

아직은

남은 일 급해

빙충맞아* 어쩌죠?.

*낡은이: '늙은이'를 얕잡아 이르는 말.
*그닐대다: 살갗이 근지럽고 저린 느낌이 자꾸 나다.
*꾀꾀로: 가끔씩 틈을 타서 남몰래 넌지시.
*냉담자: 신앙생활을 멈추고 있는 사람.
*빙충맞다: 똘똘하지 못하고 어리석고 미련하다.

버려져서 기름진 땅

논배미
찬물배미*
버려진 조각배미*

셈법 전혀 안맞아
짓지 않는 묵정논*

여러 종種
득실거리어
밝은 조짐 보이다..

*찬물배미: 찬물이 솟아나거나 흘러 들어와 늘 물이 고여
           있는 논배미.
*조각배미: 일정한 크기가 채 되지 않는 조그만 논배미.
*묵정논: 농사를 짓지 않고 버려두어 거칠어진 논.

넷째 마당

아름다운 확인

소음 공해의 절댓값

앙증맞고 끌밋한*
재간둥이 손녀딸

아무리 일러봤자
눈만 뜨면 왈패짓*

아래층 사람들 놀라
올라올지 몰라라.

생활공간 특이해
더그매* 있지 않아

위의 집 맨바닥이 아랫집 천정이라

작은 발
뛰었다가는
소리공해 엄청나.

아장아장 걸어라
타일러도 그때뿐

신체적 발육 현상
어쩔 수 없는 짓이라

두터운
방음용 없인
완전 방음 못 막아..

*끌밋하다: 모양이나 차림새 따위가 깨끗하고 헌칠하다.
*더그매: 지붕과 천정 사이의 빈 공간

가을에 오마고 했다

건들마* 뒤를 이어
눈설레* 한참인데

약속에 기척 없어
허튼 가을 그 남자

다잡아
피운 봄꽃이 도도하게 멋 내다..

*건들마: 초가을에 남쪽에서 불어오는 서늘하고 부드러운 바람.
*눈설레: 눈이 내리면서 차가운 바람이 몰아치는 현상.

가볍게 여기다가

하찮은 하품 하나
마음껏 하려다가

아구에 이상 생겨
귀까지 통증 일어

씹는 일
마땅치 않아 달구치게* 괴롭혀..

*달구치다: 꼼짝할 수 없게 세게 몰다.

침묵의 소리

먼 바다 물새소리
파도 타고 들리면

깊은 산 숲새 소리
덩달아 곱게 들려

상그레* 묵음의 웃음 아기 영혼 해맑다..

*상그레: 소리 없이 귀엽고 보드랍게 웃는 모양.

바람과 늦단풍 그리고 숫눈

창밖의 바람 행렬 거슬리게* 내달아
때 마침 첫눈 내려 무게 실린 늦단풍
더는 더 못다 견디어 낙엽으로 아파해.

허공 속 행위그림
다양한 입체더니

평면으로 땅에 진
숫눈길의 잔해들

끝머리
숨을 모두어
남은 게정* 재우다..

*거슬리다: 언짢고 불쾌함을 느끼다.
*게정: 불평을 담아 떠드는 말과 행동.

별스러운 걱정거리

천정 위 날랜 쥐들 쌩이질*로 화다닥
지금은 공법 달라 더그매* 두지 않아
번식력 대단한 쥐들 간 곳 몰라 궁금해.

공생활 함께했던
서생원 아니던가?

요즈음 도시 애들
쥐 본 적이 있을까?

멸실될
위기종이면?
사로자다* 깰지도..

*쌩이질: 한창 바쁠 때 쓸데없는 일로 귀찮게 하는 짓.
*더그매: 지붕 밑과 천장 사이의 빈 공간.
*사로자다: 걱정이 되어 조마조마한 마음으로 자다.

닿은 연분 정주다

어슴새벽 걷는 길
훼치는 소리 들려

곧은 걸음 내걸어
저마다 바쁜 시간

스치는 인연에 따라 고개 숙여 인사해.

한 번도 본적 없이 정으로 익힌 사이

가끔은 이심전심
전화로 귀문 열어

걷는 길
마주칠망정
눈에 설어 고약해..

극도로 민춤한* 효성

마흔다섯 흰머리
몹쓸 병 앓고 살아

지나치게 쪼들려 병원 출입 사치라

모두가 가난한 탓에 바장대다* 관두다.

덕망 높은 한의사
부친이 계시자만

불효 짓 않는다며 침묵으로 일관해

그렇게 몇 해 견디곤 부모 앞서 떠나다.

소식 들은 한의사
그 자리서 혼절해

자식을 잃은 부모
가슴에 대못 박아

허투루*
효도 저질러
남은 식구 탄식해..

*민춤하다: 미련하고 덜되다.
*바장대다: 부질없이 바쁘게 자꾸 왔다 갔다 하다.
*허투루: 아무렇게나 마구 되는대로.

신선한 기억

돌담 길 예스러워 틈내어 들였더니
잊은 줄 여긴 일들 새삼스레 떠올라
한바탕 소란 떤 가슴 재우려니 벅차다.

긴 세월 종요로움*
잊은 지 오래 그늘

작은 게 굼틀거려
용오름을 치다니

꽃무늬
또렷 떠올라
나절가웃* 함께 해..

*종요롭다: 꼭 필요하고 중요하다.
*나절가웃: 하루 낮의 4분의 3쯤 되는 동안.

뿌예진 하늘 깔끔스레

물기 먹은 열구름*
군턱 체중 버거워

쫀쫀 뿌린 가랑비
미세먼지 가심해

모처럼
해끔한* 하늘
가을 겨우 눅늑여*..

*열구름: 지나가는 구름.
*해끔하다: 곱고 조금 희다.
*눅늑이다: 느리고 부드럽게 자꾸 흔들리다.

마중물의 산고産苦

지하수 맑은 물에 갇혀 있는 우리말
누군가 꺼내주길 가닐가닐* 기다려
새로운 그날 아니 와 속앓이가 심하다.

마중물의 다회띠*
녹슨 틀에 꽉 채워

연잦게* 압축하면 눈부시게 쏟아져

죽담알*
거듭나도록
마중물이 길 내다..

*가닐가닐: 위태로워 마음에 저린 느낌이 자꾸 나는 모양.
*다회띠: 여러 올의 실을 꼬거나 짜서 만든 띠.
*연잦다: 연달아 자주 있다.
*죽담알: 아무렇게 생긴 쓸모없는 돌.

장수가 병일 수도

영하 날씨 밤바람
짓질리게 내달아

그 소리 날카로워 섬뜩하게 만들어

나잇살 하도 무거워 반성문을 적는다.

이름 모를 숱한 병
자고 나면 한둘씩

모두가 불치라니 모르게 지은 죗값

멋대로 자릿수 메겨 뜯적거려* 혼내다..

*뜯적거리다: 날카로운 것으로 자꾸 상처를 내다.

곶감의 기여도

껍질 벗긴 속살 감
꼬챙이에 가득 꿰어

설말려 덜 굳히면
군것질로 엄지척

포실한*
거래 일등품
농가 소득 달라져.

한 번 더 손을 놀려 곶감설기* 해내면
시골서 도시까지 군말 없는 먹거리
문제는 모든 감들이 곶감 되지 않는다..

*포실하다: 실속이 있고 넉넉하다.
*곶감설기: 쌀가루에 곶감을 섞어 켜켜이 시루에 찐 떡.

우스꽝스러운 사건事件

밉살맞게* 떠오르는 소꿉놀이 예삿일

재채기와 사랑은 참을 수 없다는데

이따금
달구치면서* 떠나지를 않는다.

정이란 걸 모르며 정을 나눈 두 사람

웃자란 그리움이 하얗게 쉬어버려

끝머리
더께*로 남아 함께 떠날 낌새다..

*밉살맞게: 몹시 미움을 받을만한 데가 있게.
*달구치다: 꼼짝할 수 없게 세게 몰다.
*더께: 몹시 오래된 물건에 겹겹이 앉은 거친 때.

녹아내리는 촛농

가을바람 건들마
단풍 아직 이른데

닫힌 마음 흐느여*
틈새 자꾸 마빚어*

한바탕
나들이 뒤끝
서러움을 덧쌓다.

망부의 질긴 슬픔
곳곳에 묻어 있어

새벽닭 함께 울어
아픈 마음 낫자라*

앞자락

눈물이 적셔
닮은 얼굴 내놓다.

절절함이 굳어져
진통으로 덧씌워

차라리 함께 갈 걸
누운 아기 쳐다봐

긴 한숨
스멀거리어*
시야 온통 빗보여*..

*흐늑이다: 느리고 부드럽게 자꾸 흔들리다.
*마빛다: 비집어 내.
*낫자라다: 더 잘 자라다.
*스멀거리다: 살갗에 벌레가 기어가는 것처럼 근질근질하다.
*빗보이다: 실제와는 다르게 잘못 보이다.

목화밭에서

잔다랗게* 찢은 목화
바람결에 흩날려

밭이랑 눈밭 되어
겨울 아닌 겨울인데

아이들
고랑에 서서
목화 사탕 축내다..

*잔다랗다: 어지간히 가늘거나 작다.

꽃봉 터지는 소리

집적대던 벌 나비
깜짝 놀라 멀어져

한참이나 지난 뒤
꽃 속에 스며들어

꽃 마음
어루만지며 단맛 꽤나 즐기다..

노파의 허접한* 사고

자존심 칼질해도 예쁘다고 안아줄
속 넓은 그런 남자 어디쯤에 있을까?
망상에 걸신들리어 대죄 가늠 길 멀어.

그 소식 저해 듣고 아연실색 여러 번

나이테 많이 꼬여
몸피듬* 군턱 생겨

마음눈
간음한 할미
부활 믿고 사나 봐..

*허접하다: 질이 조금 낮고 잡스럽다.
*몸피듬: 몸의 크기.

회두리 마당

신의 대중탕

거니챈 까마귀 무리

극쟁기 맨 경운기
이랑 뒤져 흙밥 내니

거니챈 까마귀 떼
시원스레 내려앉아

흙 속의 벌레 해치워 갈바래*를 도우다.

농부 믿음 우끈해* 숙인 고개 소곳이*
여름 햇살 땀방울 진주로 반들거려
늦가을 거둘 농작물 옹골차게 터 닦다..

*갈바래다: 흙속의 벌레와 알을 죽이려 볕과 바람을 쐬게
           하다.
*우끈하다: 한꺼번에 기세를 올리다.
*소곳이: 질이나 태도가 온순하게.

버려져서 기름진 땅

논배미
찬물배미*
버려진 조각배미*

셈법 전혀 안 맞아
짓지 않는 묵정논*

여러 종種
욱적거리어*
바쁜 나날 표본실..

*찬물배미: 찬물이 솟거나 들어와 늘 물이 고여 있는 논.
*조각배미: 일정한 크기가 채 되지 않는 조그만 논배미.
*묵정논: 농사를 짓지 않고 버려두어 거칠어진 논.
*욱적거리다: 한곳에 많이 모여 매우 수선스럽게 들끓다.

땀만 먹는 황금새
 - 전설 이야기

착실한 산골 농부
일 욕심에 쓸어져

이마에 맺힌 방울
실팍진* 땀내 방울

땀으로 목 추긴 새들 황금알을 낳는다.

햇귀 때 열을 받아
황금알로 깨어나

생명 실린 새끼들
깃털마다 금빛 미늘*

혼절한 농부 코에다 게운 물을 넣어줘.

황금새 곁꾼하여 농부 곁에 노닐며

먹는 양식 땀일 뿐
며칠 만에 다 자라

그네들
낳는 알들이 한결같이 눈부셔

소문 들은 임금님
궁으로 불러드려

알곡 모이 주어도 땀만 골라 찾기에

궁인들
부지런 떨어 새들 먹이 땀 흘려.

새들이 늘어나자
궁인으로 턱없어

나라에 방울 붙여 백성이 흘린 땀 물

낫잡아* 셈을 했더니 노는 이가 없어라.

바심질* 넉넉하여 물자마다 남아돌아

이웃 나라 수출해
부국으로 발돋움

임금님
칭송 자자해
태평성대 이루다..

*실팍지다: 매우 알차고 튼튼한 데가 있다.
*미늘: 옷에 단 비늘 모양의 쇠붙이나 가죽 조각.
*낫잡다: 조금 넉넉하게 치다.
*바심질: 곡식의 낟알을 떨어서 거두는 일.

신의 대중탕

산 기류 괴팍하여 새조차 얼씬 못해
접근성 가로막혀 신들만 산다는 곳
지진이 약삭스럽게* 코숭이를 뭉개다.

물머리 앞길 막혀 오는 데로 머물러

키다리 숲나무들
무릎까지 물에 잠겨

박힌 체
생명을 잃어
간짓대*로 서 있다.

산마루 얼음 녹아
빙하수로 넘쳐 나

호숫물 너무 시려

상군 손 얼른 꺼내

깊은 밤
신들이 들러
별과 함께 목욕해.

호수 채운 나목들
유령으로 서 있어

입소문 너무 빨라
관광객 욱여들어*

젊은 피
소중한 산촌
사람 냄새 반기다..

*약삭스럽다: 꾀가 있어 눈치가 빠른 데가 있다.
*간짓대: 나무로 된 긴 장대.
*욱여들다: 주위에서 중심을 향해 모여들다.

불효는 죽어서도 못 갚아

"잘생긴 우리 아빠
드디어 오셨다구"

소년은 너무 기뻐
안방으로 곧달음쳐

벅차게 아뢰었지만 아무 기척 안 들려.

뒤돌아 나서면서 하늘로 고개 들어

효도하게 됐다며 어쩔 줄 모르다가

꿈인 걸
의식한 소년
베갯모를 적시다..

엄마는 늙지 않아

자기는 어찌하고 아금바리* 엄마만

거울 볼 틈새 없이 자식들만 여겨봐

몸서리
바쁜 날들로 늙어 감을 모르다..

*아금바리: 일 따위를 해내는 데 있어 빈틈없고 다부진 사람.

나잇살

잔잔한 병 이따금
먹는 나이 꺼림칙

식은 믿음 그 탓에 불안 거듭 숫된 짓

작은 병 크게 느껴져 아람치*로 치부해.

석회질 구멍 송송
보사삭* 지레짐작

얼은 길 앗차 순간
어찌 될까 두려워

피정避靜* 들었더니만 몸살 이내 달아나..

*아람치: 자기가 차지하는 몫.
*보사삭: 마른 물건이 가볍게 부스러지는 소리.
*피정: 수도원 같은 곳에서 기도하며 지내는 일.

기댈 곳

괴로움 덕지덕지
어렵사리 견디어

이제는 웃는 추억
재미삼아 꺼내봐

결결이* 버거울 때는 그분에게 떠넘겨.

에움길* 질곡에도 결과는 있기 마련

기대치 꼭지 타면 애달프게 속 저려

큰 하늘
이고 살면서
필요조건 몰라라..

*결결이: 일이 발생하는 그때그때 마다.
*에움길: 반듯하지 않고 굽어 있는 길.

겨울 짐

장갑에 털목도리 거기다 패물삼작

몸매띠* 조여 입고 명품 난벌* 간들대*

살 여분餘分
민춤해* 보여
거울 앞에 선 여인.

돌아오기 급하게 걸친 것들 죄 벗어
양팔에 걸쳤더니 무게감 예사 넘어
멋내기 꽤나 무거워 짐을 입고 다닌 셈..

*몸매띠: 몸 균형을 잡는 데 쓰는 보정 속옷.
*난벌: 나들이할 때 입는 옷이나 제반 물건.
*간들대다: 맵시 와 부드러운 태도로 자꾸 얄밉게 행동하다.
*민춤하다: 미련하고 덜되다.

이제 겨우 와 닿다

뉘엿 지는 갈림길
아직은 노을인데

가야 할 길 헷갈려 미적미적 망설여

길잡이 올지도 몰라 지멸있게* 벋딛다*.

가로등 하나둘씩
자기 영역 밝히니

이정표 눈에 들어 쭉쭉걸음* 힘 실려

임 마중 아니라 해도 부활 찬미 듣는다..

*지멸있다: 꾸준하고 성실하다.
*벋딛다: 발에 힘을 주고 버티어 디디다.
*쭉쭉걸음: 팔과 다리를 크게 내딛는 걸음.

배듬한* 언덕에 앉아

발 아래 냇물 소리 풀섶에 잦아들어
풀벌레 고운 노래 화음으로 편곡해
듣는 이 시름 잊도록 그들 위해 부르다.

저토록 숱한 별들
우주 누벼 살다가

긴 생애 마지막 날
유성으로 사라져

부활로 채워질 성역聖域
여미듯이 그리다..

*배듬하다: 한쪽으로 조금 기울어진 상태에 있다.

자기만의 영역

난데에 사는 이들
자란 마을 못 잊어

훌림목*의 순이와 투덜이* 잠동무들

풋잠 속 설핏 나타나
야지랑을 부리다.

일자리 한가롭자 지난 벗들 맴돌아
아내가 내민 커피 다 식도록 모르니
아직은 치매 아니라 자기만족 갈닦다*..

*훌림목: 애교를 띤 가늘고 부드러운 목소리.
*투덜이: 걸핏하면 불평스러운 말로 중얼거리는 사람.
*갈닦다: 쪼거나 문질러 윤을 내다.

자기를 보는 시야

구름에 갇힌 별들
존재 가치 트릿해

보는 이 나름대로 줄기차게 다 달라

모든 게
주관적 소치
자기 있고 남 없어.

긴 세월 쌓인 미립
멋대로 몫을 지어

다스림 외면하면 아무짝 쓸모없어

작심 껏
자기 다스릴
그런 때가 왔나 봐..

맹랑한 허무

아니 뵈는 끝자락 거니채기 어려워

울다 웃다 하면서 순간 이어 예까지

돌아볼
틈새 없어서
참회록을 못 쓰다.

장기臟器마다 늘어나
몸 구실 어질더분*

이제는 쓰려 해도 시력조차 멀어져

산자락 상여 소리가
이명으로 맴돌다..

*어질더분: 어질러져 있어 지저분한 모양.

느낌 닿는 그대로

미세먼지 덧쌓여 허공 가린 차단막
별들 전혀 안 보여 저마다 없단다
오작동 시각 판단에 잘못 굳힌 말버릇.

잘하면 고운 사람
거슬리면 나쁜 이

자기적
몰입 강해
엉뚱한 일 저질러

재치껏 못 보는 주제
섣부르게 남 탓만..

느닷없이 뺨을 쳐

나쁜 사람 그보다
한참이나 더 나빠

출구 죄다 막은 뒤
엉뚱한 곳 가리켜

지돌이* 안돌이* 끝에 잘 못될지 갈무리 모순.

등마루 앉은 사람
마땅히 끌어내야

온갖 짓 지질맞아* 썩은 내 품고 다녀

모든 게 갈무리 모순
뒷감당이 선하다..

*지돌이: 벼랑 바위에 등을 기대고 겨우 갈 수 있는 곳.
*안돌이: 험한 바위 같은 것을 안고 돌아가게 된 곳.
*지질맞다: 하는 짓이나 말이 보잘것없다.

대통령이 꼬기작거려*

검찰청 들였더니 검사들이 빼곡히

경찰청엔 무궁화가 수두룩 자리 메워

대통령
집무실에는
그 사람이 전부다.

국민이 뽑은지라
귀하디 사뭇 귀해

나부대는 영부인
그 탓에 오마조마*

아내 정
공사 못 가려 국민 기대 저만큼.

떠죽거려* 지은 죄
틈 없이 다졌는데

배신자 조잘거려 미욱한* 짓 드러나

야당이 반색을 하며 맛깔스레 칼질해.

달걀로 바위 때려 난파선 불가 판정

끝끝내 못 다 참아
버럭 성깔 분대질

손지갑 속살 뒤집혀
저문 뒤에 뉘웇다*..

*꼬기작거리다: 잔금이 생기도록 접거나 비비다.
*오마조마: 마음이 매우 초조하고 불안한 모양.
*떠죽거리다: 못된 소리로 잘난 체 자꾸 지껄이다.
*미욱하다: 어리석고 미련하다.
*뉘웇다: 스스로 깨달아 반성하는 마음을 갖다.

-2025년 4월 4일 .

해망쩍은* 그녀 입술

떠죽거려 드러난 죄
탈 없다 했거늘

밤새껏 쥐가 들어
남김없이 들통나

탄핵당*
얼씨구 좋아
잔인하게 굽죄다*..

*해망쩍다: 슬기롭지 못하고 어리석다.
*탄핵당: 탄핵만 일삼는 군살 찐 야당.
*굽죄다: 약점을 잡아 기를 펴지 못하게 하다.